2007
1ª Edição
São Carlos - SP

Editora
RIANI COSTA

Coordenação Editorial: Paulo Riani

Diagramação e Capa: arte.com

Revisão: Neusa B. Corrêa de Souza

Editora Riani Costa Ltda.

www.rianicosta.com.br

e-mail: editora@rianicosta.com.br

Tel. (16) 3372-3087

ISBN 85-85422-24-6

Catalogação na fonte elaborada pela Bibliotecária

Gina Botta Corrêa de Souza CRB 8/7006

Vasques, Marilena.

A arte de ser feliz / Marilena Vasques. – São Carlos: Editora Riani Costa, 2006.

64p.

1. Psicologia – Auto-ajuda. I. Título.

CDD 158.1

Apresentação

Somos semeadores no campo da vida, pois diariamente espalhamos milhões de sementes ao nosso redor.

Saibamos escolher sempre as melhores, para que, ao recebermos a dádiva da colheita farta, tenhamos apenas motivos para agradecer.

Quem semeia alegria, amor, colherá felicidade!

A arte da felicidade sem limites é feita de desapego, desprendimento e renúncia.

Esta é uma árdua conquista, faça tudo para merecê-la.

Assuma seu pedestal, ele será edificado por você!

A Autora

Escreva uma declaração para si mesmo:

Praticarei o equilíbrio na minha vida diária.

Sou capaz de executar as tarefas que me são atribuídas.

Ninguém se decepcionará comigo, pois cumpro minhas obrigações com dignidade, empenho, carinho e felicidade.

Proclame em voz alta os seus maiores direitos:

- Tenho o direito de viver.
- Tenho o direito de ser feliz.

A chave mágica para o sucesso:

Acreditar, sem duvidar!

Ocupo lugar certo na vida, faço o que gosto de fazer e sou divinamente feliz.Tenho um lar encantador, tenho a companhia de uma pessoa maravilhosa e doces crianças para amar. Tenho o direito de ir e vir e o faço de forma digna e segura. É maravilhosa a forma como ofereço meus talentos ao mundo, e Deus me revela a melhor maneira pela qual posso servir à humanidade. Aceito definitiva e positivamente o fato de que, sempre, uma nova e maravilhosa chance abre-se para mim. Sei que Deus me guia das mais variadas formas para que eu atinja todos meus objetivos.

Sete chaves para grandes realizações

- desejar profundamente;
- acreditar no sucesso;
- ter capacidade de compreensão;
- planejar seus sonhos;
- agir positivamente e superar obstáculos;
- ter coragem e investir sem medo;
- ter persistência inabalável;

Reavalie suas atitudes e posturas.

Provavelmente seu autoconceito galgará vários degraus.

Elevará seu valor como pessoa.

Isso refletirá diretamente em seu desempenho pessoal e profissional.

Você só conseguirá se estiver certo de seu valor como indivíduo e como parte de um todo mais elevado.

Você pode, você consegue

Cada dia de sua vida será pleno, importante, nobre e maravilhoso se você liberar o poder infinito que existe dentro de você e, assim, conseguir atrair todas as coisas boas da vida, que por Direito Divino, lhe pertencem.

Comece uma vida nova, a lei da mente não falha nunca.

O que você pensa, você cria.

O que você sente, você atrai.

O que você imagina e acredita, torna-se realidade.

Portanto acredite no melhor, na saúde, no amor, na fé e será feliz.

Seqüência de bons pensamentos:

Da verdade nasce a fé.

Da fé nasce a paciência.

Da paciência nasce a resistência.

Da resistência nasce a persistência.

Da persistência nasce a segurança.

Da segurança nasce o sucesso, e se bem cuidado dura para sempre.

Mentalize:

Estou consciente e aceito a todas as fontes de ajuda, de orientação e de informação. Deixo que meu bom senso e minha intuição me ajudem a decidir quais estão voltadas para o meu bem maior.

Sempre que penso no próximo desejo-lhe todo o bem do mundo.

Sou o rei e o dono dos meus pensamentos, palavras, atos, emoções e reações.

Liberto-me completamente do hábito de reclamar.

Sempre uso de sinceridade em meus propósitos.

Sei que a força da imaginação é a maior de todas.

Sei que todo poder de Deus se dirige para mim.

Sou livre e creio na força e sabedoria infinitas.

Agindo assim, vencerei qualquer obstáculo por maior que seja.

Confie e diga:

Entrego meu problema a Deus, enquanto dou e recebo amor, paz, alegria de todas as pessoas que encontro em meu caminho.

E ao abrir os olhos pela manhã, afirme cheio de alegria:

Este é o meu dia, o dia feito pelo Senhor. Rejubilar-me-ei e demons-trarei gratidão.

Graças dou por ser guiado e conduzido por essa sabedoria que faz o sol brilhar em minha vida.

Saiba:

Você tem direito à fartura, por isso agradeça pelo que já possui: o amor, os amigos, seus talentos, boa saúde, o alimento, sua roupa, sua casa, etc...

Pense em quais áreas você gostaria de ter mais abundância.

Feche os olhos, respire profundamente, imagine, mentalize e diga: já possuo uma riqueza inesgotável, que Deus providenciou para mim, porque sou seu filho perfeito e amado.

Reflita consigo mesmo:

Tenho diante de mim uma mesa preparada para um banquete, ela está farta com pratos maravilhosos.

Se me sinto carente é porque não me permiti às possibilidades da vida.

A Inteligência Infinita que existe em meu subconsciente sabe tudo, até o paradeiro do que procuro. Sou próspero, rico e possuo a fartura que Deus reservou para mim.

E para ter um bom dia, lembre-se:

O essencial é que você acredite em si, na sua capacidade, na sua energia e, com carinho e simplicidade, saiba agradecer a tudo e a todos.

A cada dia Deus lhe dá a oportunidade de escrever a história de sua vida em suas páginas em branco. Escreva o seu presente, jamais seu passado.

Prece:

Senhor, guia meus passos.

Orienta-me para a melhor oportunidade de negócio.

Traga-me toda prosperidade do Banco Infinito.

Quero realizar-me profissionalmente e poder trilhar o meu caminho do bem, do amor, da justiça e da felicidade.

Não se esqueça:

Não há força maior que a calma, nem poder maior do que a paz.

Não permita que nada o perturbe, que nada o amedronte,

Pois tudo passa, e Deus nunca muda.

A persistência paciente tudo alcança, nada faltará.

Quem possui Deus no coração, tudo conseguirá.

Recorra sempre à calma para manter-se equilibrado.

Dicas para reaprender a sorrir:

Prepare o seu sorriso, mantenha seu motor de risadas funcionando.

Ria, e o mundo inteiro rirá com você.

Reúna-se com pessoas alegres.

Brinque com as crianças, elas transmitem energia pura.

Reacenda um romance: o mundo fica mais lindo quando se está apaixonado.

Aprenda a contar pelo menos uma coisa engraçada e divirta-se também.

Ritual do bom humor:

Deus criou uma válvula de segurança na panela de pressão da vida. Essa válvula é o senso de humor, extremamente poderoso para desarmar adversários.

Por isso, faço uso do riso. Ele cura todas as doenças, reconstituindo a estabilidade mental e emocional.

O bom humor neutraliza meus problemas, afinal, as nuvens nunca apagam o sol, e, sim, apenas obscurecem temporariamente.

Tenho o bom humor como meu constante aliado, e ergo-me vitorioso sobre quaisquer forças negativas da vida.

Toda vez que algo desagradável se apresentar:

Seja forte e que nada perturbe a sua paz de espírito.

Fale de saúde, felicidade e prosperidade.

Olhe para o lado glorioso de todas as coisas.

Pense, trabalhe e espere somente o melhor.

Tenha calma nas contrariedades.

Seja alegre nas experiências da vida.

Por isso, fale assim:

Sei que o amor Divino transforma tudo que precisa ser mudado, tudo que lhe seja estranho ou diferente.

Honro, exalto o amor de Deus dentro de mim, que flui em eu ser, envolve-me e orienta-me.

Que meu coração seja purificado para que eu possa ser cada vez mais feliz.

Assim sendo, vou me importar mais com a beleza da vida e menos com padrões de comportamento das outras pessoas.

Nunca se esqueça:

Nos nossos desafios é que encontramos as razões de nossa existência.

Prometa a si mesmo:

Serei forte de maneira que nada me perturbe.

Falarei de saúde, felicidade, e prosperidade a toda a pessoa que encontrar.

Mostrarei sempre o que há de melhor em mim.

Olharei para o lado glorioso de todas as coisas.

Esquecerei os erros do passado.

Viverei na certeza de que serei sempre feliz.

Lembre-se:

Deus é seu amigo, Ele cuida de você, por isso, quando rezar, sinta a presença de Deus perto de você.

Ao descobrir seu valor, perceba:

As experiências da vida servem para conscientizá-lo do seu grande potencial.

O resultado de tal experiência é que você descobre seu eterno valor.

Quando enfrenta os desafios, você ganha novo vigor e novo entendimento.

Toda vida é uma preparação para acontecimentos maiores.

Não perca sua fé, pois, sempre haverá um amanhã e amanhã será outro dia de grandes realizações.

Compreenda que fartura significa mais que o suficiente, por isso, diga:

Recebo de Deus farto suprimento de amor celestial, muito mais do que peço.

Grande quantidade de energia está ao meu alcance.

Posso tornar minha vida mais interessante.

Vejo o dinheiro como abundância,

Pago minhas contas com alegria,

Agradeço pelo crédito concedido a mim.

Faça a prece da fartura:

Senhor, guia meus passos.

Oriente-me em meus negócios e traga-me toda prosperidade do Banco Infinito.

Realizo-me profissionalmente e trilho o caminho do bem, do amor, da justiça, da felicidade e da paz.

Sei que Deus age das mais variadas maneiras em minha vida para que eu atinja a minha mais alta expressão.

Confio na abundância e seguran-ça e aceito-as e creio que novas e esplêndidas oportunidades estão se abrindo para mim.

Ocupo meu lugar certo na vida, faço o que gosto e estou diariamente feliz.

Em todas as manhãs afirme:

Sou feliz e saudável.

Neste dia sou um com o único Deus.

Sou sua imagem e obra.

Viverei gloriosamente o dia de hoje.

Cada vez mais me aproximarei da luz, do amor e da verdade.

Ajudarei a todos com meu trabalho,

E serei sempre cooperativo, colaborativo e útil.

E quando lá em casa alguém precisar de mim estarei atento, pois sei que a A atmosfera mental e emocional do lar afeta principalmente os filhos.

Melhorarei constantemente minha atitude, transformarei minha vida!

Sou uma pessoa rica, muito rica e sempre próspera.

Todo o meu dinheiro está guarda-do no banco de Deus, que envia as reservas de acordo com minhas necessidades.

Sou uma pessoa tão rica que nem minha mente pode contar.

Agradeço ao meu Pai Celestial, por me dar fartura, amigos, saúde, um lar e um grande amor.

Mentalize com fé e aceite a riqueza inesgotável que já possui.

Entoe o poema da prosperidade:

Nem a tristeza, nem a desilusão, nem a incerteza, nem a solidão, nada me impedirá de sorrir.

Nem o medo, nem a depressão, por mais que sofra meu coração, nada me impedirá de sonhar.

Nem o desespero, nem a descrença, muito menos o ódio ou alguma ofensa, nada me impedirá de viver.

Em meio às trevas, entre os espinhos, nas tempestades e nos descaminhos, nada me impedirá de crer em Deus.

Mesmo errando estarei sempre aprendendo, tudo me será favorável, para que eu possa evoluir, preservar, servir, cantar, agradecer, perdoar, recomeçar e prosperar sempre.

Pois, quero viver o dia de hoje como se fosse o primeiro.

Quero manter o otimismo, conservar o equilíbrio, fortalecer a minha esperança, recompor minhas energias, para prosperar na minha missão e viver alegre todos os dias.

Quero caminhar na certeza de chegar, quero lutar na certeza de vencer,

Quero buscar na certeza de alcançar, quero saber esperar, para poder realizar os ideais do meu ser.

Enfim, quero dar o máximo de mim, para viver intensa e maravilhosamente todos os dias da minha vida.

Para sucesso em um empreendimento.

Peça iluminação necessária onde o maior acionista é Deus, e afirme: minha empresa é próspera, sou um com a mente universal, sou divinamente guiado, meus negócios são prósperos, crescem e se expandem com muita facilidade.

Tenho o bastante para usar, repartir e guardar.

Vivemos trabalhando com harmonia, conforto e segurança. Observo confiante meu crescente progresso e sou eternamente agradecido.

Admita seu valor, não se menospreze:

Você é muito importante. Pense bem: jamais houve ou haverá alguém igual a você.

Você tem o poder de influenciar pessoas.

Você sabe usar, conduzir e harmonizar tudo.

Você dirige seus pensamentos, controla suas emoções e estabelece o seu destino.

Você possui as faculdades do consciente e subconsciente.

Você pode despertar o gigante que vive em seu íntimo.

Você possui uma atitude mental positiva, e isso faz toda a diferença.

É sempre bom lembrar:

Para ter um bom dia, cheio de paz e harmonia, amor e alegria, concentre-se no seu desejo, foque em seu objetivo.

Aperfeiçoe-se de maneira adequada e repita a tarefa tantas vezes quantas forem necessárias. Persevere, não desista, e dê tempo ao tempo.

Não queira nada demasiadamente rápido.

Reflita antes, amadureça a idéia e sinta o que é melhor para você.

Saiba:

O grande segredo do sucesso consiste em ser hoje um pouco melhor do que ontem e amanhã bem melhor do que hoje. Melhoria singela, mas constante e segura.

Por isso, prepare-se para o que quiser ser:

Seja o que for que você desejar.

Deixe de lado seus temores e indecisões.

Comece a dar forma a seus projetos.

Se quiser prosperar deixe de pensar e agir como pedinte.

A prosperidade flui por canais abertos com: amor, otimismo, confiança, fé, perseverança e ação.

Seja incansavelmente otimista.

Isso faz bem para a alma, para o corpo e para a mente.

Que seu plano seja como a mais fecunda semente, para que na fértil terra da vida, seus sonhos, plantados com confiança, possam dar frutos de felicidade em abundância.

Descobrindo nova coragem:

As provações da vida servem para que você tome consciência do seu potencial.

Ao enfrentar desafios, você ganha novo vigor e entendimento que o preparam para experiências maiores.

Toda vida é assim. Quanto mais você supera obstáculos, mais descobertas faz do seu potencial interior e Divino.

Você nasceu para ser próspero e estão dentro de você as chaves para conquistar a prosperidade.

Faça um exame profundo de si, e encontrará, bem no seu íntimo, a resistência que o Criador deu-lhe ao dar-lhe a vida.

Agradeça tudo que já possui, a gratidão aumenta seus bens materiais e espirituais.

Faça esta prece:

Sei que Deus me orienta das mais variadas maneiras para que eu atinja a minha mais alta expressão, desenvolva todo meu potencial e desenterre todos meu tesouros.

Confio na abundância e seguran-ça e creio que novas e esplêndidas oportunidades estão reservadas para mim.

Sei que sou protegido e abençoado pelo grande e Divino Mestre Jesus.

Então, com fé, repita:

Sou uma pessoa rica, muito rica e sempre próspera.

Todo o meu dinheiro está guardado no banco de Deus, que envia as reservas de acordo com minhas necessidades.

Sou uma pessoa tão rica qu enem minha mente pode contar.

A cada novo desafio:

Confie em você, em suas aptidões, em suas habilidades.

Desperte suas energias positivas, e reúna as forças em direção ao seu objetivo, até vencer.

Seja simples e humilde e aguarde com fé até ser coroado de êxito e felicidade.

Seja pontual, honesto e exigente consigo mesmo.

Quem não se disciplina, desperdiça tesouros de energia física e mental.

Cultive a força interior e a calma exterior.

Diante de situações complicadas, seja bondoso e paciente consigo mesmo e, principalmente, com os outros.

Seja otimista, espere sempre o melhor, mesmo que as aparências sejam contrárias.

Confie em Deus que está dentro de você. Nele existem todas as soluções.

Prepare-se para vencer.

Esqueça as coisas que ficam para trás e avance para as que estão diante de você. Prossiga com a proteção de Deus até alcançar o grande prêmio da sabedoria divina.

Compreenda:

Os que esperam no Senhor, renovam suas forças, voam com asas de águia, correm e não se cansam, caminham e não se fatigam.

Deus não quer que seus filhos vivam na pobreza, doença ou em qualquer outra condição penosa.

Dentro de você há um poder infinito para fazer acontecer, um poder de realização.

Quando você segue o Espírito de Deus em sua vida e procura aprender com sua Divina Orientação, toda felicidade e paz virão ao seu encontro.

Quando você decide melhorar sua condição de vida, sabendo disciplinar sua mente, com força inabalável em direção ao seu objetivo, tudo de bom e oportuno, virá ao seu encontro. Bons amigos se aproximarão, criaturas simpáticas e amáveis virão até você, bons livros para adquirir conhecimentos chegarão em suas mãos, e, sempre, de alguma forma, coisas maravilhosas acontecerão e desejos justos serão concretizados.

Reflexão:

Ensina-me, Senhor, o caminho dos teus decretos, e os segurei sempre.

Dá-me entendimento e guardarei tua lei, de todo coração a cumprirei.

Peço-te Senhor, abra-me os olhos e mostra-me o caminho que devo seguir.

E para obter prosperidade em seus negócios, empresa e emprego, diga:

Sou sócio da Divina Inteligência.

Não ficarei preocupado com aspectos negativos do mundo dos negócios nada tenho a ver com isso.

Atraio para minha empresa, para meus negócios, e para o meu emprego somente pessoas com o mais alto nível de integridade.

Faço tudo de forma positiva.

Sou continuamente bem sucedido e realizado em todos os meus projetos.

As pessoas com as quais tenho contato são abençoadas, éticas, responsáveis e prósperas e estão vinculadas comercialmente comigo.

Sou sempre grato pelas grandes oportunidades e conquistas que se apresentam em minha vida.

Sou conduzido e guiado para auferir o maior beneficio a todos os envolvidos.

Minhas máquinas, meus equipamentos funcionam com perfeição.

Todos que aqui trabalham são felizes e saudáveis.

Tudo transcorre em harmonia e flui na Divina ordem.

Recebo constantemente dádivas maravilhosas.

Peço sempre a ajuda Divina e digo à vida onde quero chegar.

Acredito que tudo está se tornando realidade.

Não ficarei sem fazer nada, pois a vida sem o trabalho torna-se insuportável.

O trabalho é a minha honra.

De hoje em diante estarei valorizando-me cada vez mais.

Tenho consciência de meus méritos.

Exalto Deus dentro de mim.

Respeito e honro meu próprio ser.

Tenho sempre respeito e compreensão pelo outro.

Poder e fé se renovam em mim a cada dia e a todo momento.

Caminharei para frente e, assim, crescerei espiritual, mental, amorosa e financeiramente por Direito Divino.

Vencendo obstáculos:

Constantemente estou em guarda contra o pensamento negativo.

Afasto de meu espírito toda negatividade.

Tenho fé no poder infinito que sempre atua para o bem.

Acredito que plantar desafios é colher resultados.

Vejo a sabedoria, a compreensão e o entendimento presentes em mim.

Sei que a eterna vigilância é o preço da paz, harmonia, sucesso e prosperidade.

Creio que, com os olhos fixos em Deus, não haverá mal em meu caminho.

Acredito que a melhor maneira de melhorar o meu padrão de vida está em mudar o meu padrão de pensamento.

Tudo depende da minha firmeza, persistência, resistência, paciência, para alcançar meus objetivos e ser feliz.

Nunca se esqueça:

Você tem uma fortuna a conquistar, o tesouro da eternidade está em você mesmo.

Tenha sempre um coração amável e compreensível com os demais.

Viva uma vida harmoniosa e mantenha-se eternamente jovem, alegre e confiante em relação a tudo.

Sempre é possível dividir um sorriso, elogiar sinceramente um amigo e manifestar um gesto amável.

Use essa chave e comece a abrir mentalmente, agora, o reservatório infinito que existe em você e caminhe para frente, para o alto, e para Deus.

Faça esta prece:

Tenho muita paz, firmeza, estabilidade e equilíbrio.

Nada temo de mal, pois Deus está comigo.

Mantenho minha alma sempre calma, serena e descontraída.

Tenho plena fé e confiança no maior poder que existe - Deus.

Nasci para vencer, ser bem sucedido e triunfar.

Tenho sucesso em todos meus empreendimentos.

Pois, sou artista na arte de vender.

É sempre bom lembrar:

A persistência é a chave do sucesso. Não importa como você começa uma carreira ou um negócio, com dinheiro ou sem capital nenhum, se tiver persistência você vencerá. Não deixe ninguém jogar água fria na chama de seu entusiasmo.

Você não precisa de palpites, ou conselhos de pessoas pessimistas e desmotivadas, você necessita, sim, de vigor na sua ação e clareza no seu objetivo.

Por isso:

Não conte os seus planos a qualquer um. Não fale de seus projetos para não desgastá-los. Afinal, eles são seus, então, realize-os.

O segredo é a alma do negócio. Por isso, mostre sua capacidade com obras e não com palavras.

Saboreie as vitórias, surpreenda seus amigos. Mostre os resultados e não apenas idéias.

Saiba que:

Para você subir na vida, existem dois degraus importantes: amar e servir, a tudo e a todos. Portanto, não desanime na escalada, mesmo cansado, siga em frente.

Preocupações, medo, ansiedades, tensões nervosas ampliam os problemas, causando distúrbios psíquicos e enfermidades.

O melhor remédio para esses males é voltar à Casa Paterna, isto é, voltar-se para o reino do amor, harmonia, confiança, fé e perdão.

Lá você encontrará a cura para as doenças e o alívio para a dor.

Acredite:

O sucesso pode chegar em menos tempo do que você imagina. Só depende de sua fé e de como você pede, por isso: peça com alegria.

Você é o centro da ação de Deus.

Através de você Ele realiza seus bons propósitos e derrama seu amor, pois, o compreende e o perdoa sempre.

Afirme agora:

Deus Todo Poderoso, criador de tudo e todos, encontra-se ao meu lado, protegendo-me, livrando-me de todos os males e ajudando-me a superar minhas fraquezas.

Dentro de mim está todo o poder para fazer da minha vida um grande sucesso.

Valorizarei minhas qualidades e procurarei aprimorá-las cada vez mais.

Sou senhor de meu destino. Tenho liberdade de escolher o meu caminho e farei sempre o melhor. Não me abaterei com as desilusões nem com as decepções, pois, elas também deixam grandes ensinamentos.

Minha nova atitude e minha postura mais madura certamente irão melhorar meu desempenho, mas só conseguirei vencer se estiver ciente de que sou parte integrante de um todo maior e mais elevado.

Permita que a vida se renove constantemente através de você.

A fé e a força do pensamento positivo ajudam a remover camadas interiores, revelando seu espírito de energia criativa.

Mantenha sintonia com seu anjo protetor, crie condições essenciais – fertilize o solo de sua mente e deixe germinar alegria.

Ao começar um empreendi-mento, aceite a proteção de seu anjo da guarda. Ele conhece você e sabe os segredos da sua alma.

Nunca se esqueça:

Abandone os julgamentos.

Mude a maneira de pensar.

Relaxe.

Dê espaço para que algo novo aconteça.

Tenha a mente limpa e o corpo saudável.

Não ofenda os outros.

Seja um grande amigo.

Seja autêntico.

Mantenha-se bem humorado.

Liberte-se das teimosias.

Preste mais atenção.

Examine os fatos.

Experimente novas idéias.

Espere o inesperado.

Abra a janela do coração.

Dê um grito de liberdade.

Cultive risos.

Deixe a felicidade entrar pela porta.

Use seu talento.

Vença dificuldades.

Estabeleça prazos para suas conquistas.

Determine prioridades.

Aceite novos desafios.

Alimente-se do belo.

Desenvolva seu lado espiritual.

Modernize-se e aceite novos padrões.

Ligue-se aos outros.

Aceite e agradeça o que a vida oferece todo dia.

Reviva a criança que existe dentro de você.

Aprenda sempre.

Valorize suas pequenas conquistas.

Amadureça.

Desfrute o presente.

Aceite os acontecimentos.

Não sofra por antecipação.

E para continuar:

Faça exercícios físicos diários.

Desenhe o lado positivo de tudo.

Não guarde coisas inúteis.

Valorize sua idade.

Seja sempre jovem espiritualmente.

Saiba que cada dia é um presente.

Dê espaço para criatividade.

Relembre os ideais da juventude.

Seja consciente de sua importância.

Assuma seu lugar no podium.

Tenha seus próprios planos.

Aceite o passado.

Saiba conviver com situações difíceis.

Descubra que a felicidade já está a seu alcance.

Por tudo isso, afirme:

Senhor, me fizeste sadio, forte e perfeito.

Sou agradecido pelas conquistas que obtive.

E pelas que obterei.

Pela felicidade que brota em meu coração.

Pela alegria de viver.

Que a paz e a saúde sejam minhas grandes companheiras.

Que eu tenha um coração aberto para compreender e aceitar todos ao meu redor.

E diga para si mesmo:

Quando estou bem interiormente, me amando, respeitando, acreditando em meu potencial, todos e tudo estão bem comigo também.

Se eu duvidar de minha inteligência e capacidade, então, qualquer referência negativa fará com que eu me sinta incapaz.

O entusiasmo é a maior força da alma, vou conservá-lo e nada, nunca, me faltará.

Toda a minha vida é uma preparação para maiores acontecimentos.

Quanto mais supero os obstáculos, maiores descobertas eu faço do meu potencial interior e Divino.

Sei que um bom combate é feito de derrotas e vitórias.

As derrotas me mostram o erro, para aprender a superá-lo.

As vitórias são bênçãos de Deus em minha vida.

Alegria, fé e esperança são minhas armas.

Creio que Deus vive em mim e sei que meu maior combate é contra meus próprios pensamentos negativos.

Reflexão:

Não se detenha diante dos obstáculos caprichosamente colocados pelo destino à sua frente.

A cada passo que der, tenha certeza, será sempre um passo a mais de progresso, porque você faz parte da comunidade de amor universal.

Inscreva-se no livro da vida, faça sua parte, desempenhe seu papel e cumpra sua missão.

Tome consciência de que há uma centelha divina atuando ativamente em seu íntimo, pronta para reerguê-lo, fortalecê-lo e orientá-lo com segurança diante de qualquer embaraço ou desafio.

E assim:

Quando se encontrar numa situação angustiante, na qual tudo pareça conjurar-se contra você, de tal modo que julgue não poder agüentar nem mais um minuto, não se renda, porque pode ser que, nesse momento preciso, comece o refluxo da maré.

A estrada do sucesso pode ter vários quilômetros, mas é na mente que se começam a contar os primeiros metros.

Faça uma faxina mental e limpe tudo que o incomoda, perturba, que o deixa com medo, angústia, ou depressão.

Invista na alegria, no amor e na compreensão para com as pessoas que o cercam.

A cada amanhecer, levante com ânimo e incendiado pela fé de que, nesse dia, graças à orientação divina, seus negócios irão maravilhosamente bem.

Agradeça por seu sucesso profissional:

A riqueza infinita agora está jorrando para mim como uma chuva torrencial.

Deus é meu sócio, estou prosperando cada dia mais.

Eu sou filho de Deus, e meus negócios estão melhorando sempre.

Abençôo de todo o coração os meus clientes e fornecedores, que me fazem progredir muito.

Entrego a Deus as contas de hoje.

Ele fará com que eu receba mais do que o suficiente para pagar tudo em dia.

Eu sei que poderei, sempre, com o poder de Deus, assinar os cheques para cumprir com meus compromissos.

Eu trabalharei com amor e Deus me dará mais do que eu possa imaginar.

Desejo sinceramente que as riquezas do universo se acheguem a mim em tal profusão que nada me falte, nem a mim nem aos meus e que, com a riqueza advinda do trabalho honrado, eu possa fazer o bem a muita gente.

Sei que já vivo em abundância, mas creio que Deus ainda me dará maior fartura, pois estou sempre atento e atraio boas oportunidades, e Ele sabe que eu posso realizar ainda mais.

Em meu trabalho sempre negociarei com pessoas honestas, justas, éticas e na minha carteira de clientes terei somente bons pagadores.

Descobrindo nova coragem:

É preciso força para ser firme, mas é preciso coragem para ser gentil.

É preciso força para se defender, mas é preciso coragem pra baixar a guarda.

É preciso força para ganhar uma guerra, mas é preciso coragem para se render.

É preciso força para estar certo, mas é preciso coragem para ter dúvida.

É preciso força para manter-se em forma, mas é preciso coragem para ficar em pé.

É preciso força para sentir a dor de um amigo, mas é preciso coragem para sentir as próprias dores.

É preciso força para esconder os próprios males, mas é preciso coragem para demonstrá-los.

É preciso força para suportar o abuso, mas é preciso coragem para fazê-lo parar.

É preciso força para ficar sozinho, mas é preciso coragem para pedir apoio.

É preciso força para amar, mas é preciso coragem para ser amado.

É preciso força para sobreviver, mas é preciso coragem para viver.

A hora é agora:

Pense sempre em melhorar física, moral e espiritualmente.

Reconheça que dentro de voce há uma fonte de poder, procure tirar proveito.

Observe, com cuidado, o que pensa e faz para não ferir e prejudicar o próximo.

Seja otimista, alegre e jovial e deixe seu semblante sereno e tranquilo.

Procure cumprir suas obrigações com amor e alegria.

Esqueça cenas de tristeza, erros, mágoas e até ofensas que alguém lhe fez.

Retribua a confiança que alguém deposita em você.

Incuta em sua mente a idéia de que você é uma criatura humana e que veio ao mundo para aprender a amar e servir.

Descontraia-se, alegre-se, divirta-se nas horas de folga.

Aumente seu otimismo, pensamentos positivos, confiança, saúde e sucesso.

De vez em quando é bom fazer um auto-exame, procurando melhorar sempre.

E, agindo assim, você vencerá seus problemas e será próspero e feliz.

Renuncie crenças rígidas, abandone julgamentos severos em relação aos outros, mude a maneira de pensar, relaxe e dê espaço para que algo interessante aconteça.

Tenha a mente o corpo saudáveis, determine prioridades e não atenda expectativas dos outros; seja seu grande amigo, seja autêntico e bem humorado, liberte-se de suas teimosias, saiba que você merece o melhor, use seu talento, faça algo novo.

Abra a janela do coração deixe a felicidade entrar pela porta, estabeleça prazos para as suas conquistas e determine prioridades.

Comprenda que para ser feliz você precisa de:

- Serenidade;
- Maturidade;
- Honestidade;
- Autoconfiança;
- Coragem;
- Desapego;
- Determinação;
- Flexibilidade;
- Disciplina;
- Paciência;
- Sabedoria;
- Obediência;
- Respeito;
- Simplicidade;
- Gentileza:
- Verdade;
- Despreocupação;
- Cooperação;
- Humildade.

Finalmente:

Seja determinado, firme e perseverante e conquistará a chave da felicidade e do sucesso, para grandes realizações.

Tenha coragem para vencer o medo, a incerteza, a indecisão e ir ao encontro de seus sonhos, autoconfiante na aquisição de conhecimentos que farão de você um ser verdadeiramente humano de feliz.

Converse com a autora:

marilenacvasques@ig.com.br

Fone: (11) 9.9760-9893 vivo